作ってびっくり！
かわいい草花あそび

New 草花あそび研究所 **相澤悦子**

はじめまして!
「草花あそび」に興味を持ってくださり、ありがとうございます。
「草花あそび」はお金も特別な道具も使わずに、
身近な自然と仲よくなれる方法です。

小さな植物の世界を覗いてみると、
そこには自然の美しさや不思議がいっぱい。
花や葉の匂い、手ざわり、植物が生き残るための
おもしろい工夫など、さまざまな発見があります。
知れば知るほど、自然を好きになるかもしれません。

私は草花とたくさんあそんでいるので、
草花を友だちのように思っています。
どこに行っても、あそんだことのある草花に出会えて、心がホッとします。

「草花あそび」の方法は無限大です。
この本を読んで、工夫して、自分でもどんどん考えてみてください。
きっと素敵な「草花あそび」ができるはず。
この本が、草花とみなさんが仲よくなるきっかけになれば幸せです。

New 草花あそび研究所
所長 相澤悦子

New 草花あそび研究所の あそび方のモットーは……

1 身近な草花を使う

2 1種類の草花だけでできる

3 なるべくかんたんにできる

4 道具を使わない

5 草花の特徴をいかす

6 葉をちぎるときは葉脈を使う

ちょっとむずかしい草花あそびもあるかもしれません……
あきらめないで、何度も挑戦してみてくださいね！

ちぎる・切る / 折る / 裂く / ツメで穴を開ける / 丸める / 結ぶ / さす

草花のパーツを覚えよう

葉脈
柄
葉

おしべ
めしべ
花びら
ガク
花

穂
茎
茎・穂

実
タネ
実・タネ

草花あそびのお約束

公園や自然保護地域のルールを
守りましょう

ハチや毛虫などに気をつけましょう

毒やトゲがある植物に注意しましょう

他人の家で勝手に植物を取っては
いけません

田んぼや畑、他人の家で
種をこぼさないように気をつけましょう

もくじ

 ノゲシの小鳥(ことり) 6

 ハルジオンのランチプレート 8

 ホトケノザのトキ 10

 アサガオの金魚(きんぎょ) 12

 アジサイのカタツムリ 16

 イモカタバミのちょうちょ 20

 エノコログサのウサギ 24

 オオバコの恐竜(きょうりゅう) 28

 ジュズダマの忍者(にんじゃ) 32

 タンポポの妖精(ようせい)さん 36

 ツツジの小鳥(ことり) 40

 ツバキのおひなさま 44

 ツユクサのネズミ 48

 ヒルガオのお姫(ひめ)さま 52

 フウセンカズラの乳母車(うばぐるま)とおサルさん 56

 モミジのトンボ 60

ノゲシの小鳥

かんたんな草花あそび ❶

ノゲシの小鳥の作り方

用意するもの 花1つ　ガク1つ
頭には、花が終わってタネが開く前のガク＊だけを使います。

ツメで割る

1 ガクの柄をクチバシの形に整えます。下半分を割って、中の綿毛とタネを取り出します。

2 次に、花の左右のガク1本ずつをちぎり、すき間から花びらを横に広げます。

3 写真右のように羽を広げたら、①の頭を上に乗せてできあがり。

ノゲシってどんな植物？

分類
キク科の一年草

草の高さ
50〜100センチメートル

見つける場所
公園や道端など

あそべる時期
春（4〜5月）

ノゲシはタンポポに似た黄色い花と白い綿毛が特徴です。あそびながら、花びらやガクの中のタネの美しさを観察してみましょう。大きな花の「オニノゲシ」という種類は、小鳥を作るには少し不向きなガクの形をしています。

＊キク科の花のガクに見える部分は、正式には総苞といいます。

ハルジオンのランチプレート

かんたんな草花あそび ❷

ハルジオンのランチプレートの作り方

用意するもの
花 4〜8つ　葉 4枚

花びらの色の違いを楽しんで……

今日のお昼ごはんは、白・黄・ピンク色の花びらを分けて作った「カレーライス」。「目玉焼き」は白い花そのままの形ですね。黄色のバンズで葉や花びらをはさんだ「ハンバーガー」や、ピンク色の花びらで「たらこスパゲティー」もできました。

ハルジオンってどんな植物？

分類
キク科の多年草

草の高さ
30〜80センチメートル

見つける場所
公園や空き地、道端など

あそべる時期
春（4〜5月）

白、ピンク、うす紫色の細い花びらが特徴のハルジオン。大正時代に外国から持ちこまれた帰化植物です。別名はなんと「貧乏草」。つむと貧乏になってしまう、という迷信がありました。よく似た植物に「ヒメジョオン」があります。

ホトケノザのトキ

かんたんな草花あそび❸

ホトケノザのトキの作り方

用意するもの 花1つ 葉（茎つき）1対

花の根本が下にカーブしているものを選びましょう。葉は上下の茎を少し残しておきます。

頭を作る

1 上下の花びら2枚をちぎります。中のおしべを切らないように注意。

羽を作る

2 葉の真ん中1か所に、切れ目をいれて裂きます。

3 切れ目と反対側の葉（②下部）と茎をまとめて指でつまみます。

4 茎の先に筒状の花①をかぶせて、できあがりです！

ホトケノザってどんな植物？

分類
シソ科の一年草

草の高さ
10～30センチメートル

見つける場所
草むら、田畑、道端

あそべる時期
春（3～6月）

独特な形の花をつけるホトケノザ。茎を囲む2枚の丸い葉の形も特徴的です。これらの形をいかして、赤い顔と細長いクチバシをもつ鳥・トキを作ります。おしべが頭の後ろの長い羽（冠羽）になっています。

アサガオの金魚

アサガオってどんな植物？

分類	ヒルガオ科の一年草
草の高さ	3メートル以上（つる性）
見つける場所	庭、公共施設のネットやフェンス
あそべる時期	夏（7〜9月）

奈良時代に薬草として日本に伝わったとされるアサガオ。江戸時代には品種改良がブームとなり、日本を代表する夏の花となりました。涼しげな「アサガオと金魚」は、浴衣や手拭いなどで夏に人気のモチーフです。また、小学校の低学年では観察実験の教材としてよく育てられています。

アサガオの金魚の作り方

水分をたくさん含んだハリのある葉を使います。
夏の暑い日中など葉の水分が少ないときは、
水に20～30分浸けてみてください。

用意するもの　葉2枚　小さな実（ガク・柄つき）2つ

金魚は上から見た姿が
きれいに見えるよう
改良されたんだって～

2枚の葉はそれぞれ、体と尾ビレになります。尾ビレの葉は、大きく柄の長いものを用意してください。

からだを作る

1 体になる葉の柄を付け根からちぎります。

4 尾ビレの柄の付け根にツメで穴を開け、体の葉の先をさします。

② 葉の左右を重ねて丸め、重なった部分にツメで穴を開けます。

尾ビレを作る

③ 尾ビレになる葉の柄を②の穴にさします。

⑤ 頭に若い実をさして、目を作ります。

⑥ まつげの長い金魚（出目金）のできあがり！

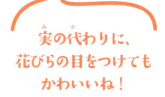

実の代わりに、花びらの目をつけてもかわいいね！

アジサイのカタツムリ

アジサイってどんな植物？

分類	アジサイ科の落葉樹
木の高さ	1〜1.5メートル
見つける場所	公園や庭、山野など
あそべる時期	梅雨〜夏（5〜8月）

アジサイには青〜紫、ピンク、黄緑、白、水色など、さまざまな色があります。これは花びらのように見えますが、実は「装飾花」という、ガクが大きくなったものです。装飾花をかき分けると、おしべ・めしべがある本当の花がかくれています。

アジサイのカタツムリの作り方

1枚の葉から立体的なカタツムリを作ります。
体は葉のうら、殻は葉のおもてが出るようにしましょう。
花が終わった後の剪定の時期が、カタツムリ作りのチャンスかも！

用意するもの　葉 1枚

雨の日や
雨上がりの葉が
作りやすいよ

葉脈が左右対称になっていて、水分をたっぷり含んだハリのある葉を選ぶのがコツです。

からだを作る

1 下から2〜3本目の葉脈にそって、葉の左右をちぎります。

殻を作る

4 残った葉の両端を内側に折ります。

② 左右の葉を交差させ、重なった部分にツメで5ミリほどの切れこみを入れて留めます。

③ 葉先の方で、もう一度交差させて②と同じように留めます。カタツムリの体ができました。

⑤ ④で折った葉を丸めて殻を作ります。殻の大きさを決め、葉にツメで穴を開けて、柄をさします。

⑥ 穴の位置で葉を折り返したら、できあがり！

梅雨といえば
アジサイに
カタツムリだよね

イモカタバミのちょうちょ

イモカタバミってどんな植物？

分類	カタバミ科の多年草
草の高さ	10〜30センチメートル
見つける場所	日当たりのよい空き地や公園
あそべる時期	春、秋〜冬（4〜6月、9〜1月）

公園のすみでこんもりと葉を茂らせているイモカタバミ。地中にできるイモのように丸い茎（塊茎）で増えるため、この名前がつきました。カタバミの仲間はハート型の三つ葉を持ちますが、四つ葉の出現率はクローバーより低いといいます。よく似た種類に「ベニカタバミ」や「ムラサキカタバミ」があります。

イモカタバミのちょうちょの作り方

ひらひらしたハート型の葉は、
そのままでもちょうちょのように見えます。
それをもう少し工夫して、さらに本物らしく見せました。

用意するもの　葉（長い茎つき）1本
　　　　　　　　ガク（柄つき）2つ

茎は持ち手とヒモになるので、
できるだけ長いものを選びます。

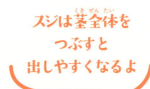

スジは茎全体をつぶすと出しやすくなるよ

持ち手を作る

1 茎の先から2センチほどを残して茎を折り、葉の付け根まで丁寧に細いスジを出します。

4 触角を②で折った体の下に合わせ、茎ごと指で押さえます。

からだを作る

2 3つの葉のうち1枚を図のように長方形に折りたたみます。

3 花後のガクがついた柄を2本取ります。これがちょうちょの触角です。

スジの上を持って、ひらひら飛ばそう！

5 ①のスジで体・触角・茎をまとめて2〜3回巻き、背中側で結びます。余った茎をちぎって、できあがり。

長く出したスジに色とりどりの花を結びつければ、かわいい「つるしびな」ができます。季節の花を飾ってね。

エノコログサのウサギ

エノコログサってどんな植物？

分類	イネ科の一年草
草の高さ	20〜80センチメートル
見つける場所	日当たりのよい空き地や道端
あそべる時期	夏〜秋（7〜11月）

揺らすとネコがじゃれるので、「ネコジャラシ」とも呼ばれるエノコログサ。長い茎の先に、たくさんの毛が生えた3〜6センチの花穂がついています。名前の由来は、ふわふわの穂が仔犬のしっぽに見えるため「犬っころ草」からきているそうです。初夏からあそべる緑色のエノコログサと、秋頃から大きな穂を出す「アキノエノコログサ」があります。

エノコログサのウサギの作り方

ウサギの顔と体は、穂をクルクルと巻きつけて作ります。
コツは茎を束ねるようにしっかり巻くこと。慣れてきたら
耳や足を工夫して、ネズミ作りにも挑戦してみてください。

用意するもの　穂（茎つき）8本

耳に2本、顔に1本、
足に4本、体に1本使います。

顔と体に使う2本は長い穂を選ぼう

顔を作る

耳　耳　顔

1 まず3本の茎をまとめて持ちます。顔の穂は長いものを使いましょう。

体

4 7本の茎をこのように持ったら、体用の穂の付け根を首の位置に合わせて、茎を重ねます。

2 顔の穂で茎3本を束ねるようにクルクル巻きつけ、巻き終わりを茎の間にはさんで留めます。

からだを作る

3 前足に2本、後足に2本、並べて置きます。

5 体用の穂を上から下へ巻きつけます。巻き終わりは少し残し、足の間の茎にはさんで、しっぽにします。

6 上下に出た茎を1本ずつ引っぱります。手足がしっかり体にくっついたら、上の茎を切ってできあがり。

ネズミは耳を丸くして、耳の茎を前足に、顔と体の茎を後足に使ったよ

オオバコの恐竜

オオバコってどんな植物？

分類	オオバコ科の多年草
草の高さ	10〜20センチメートル
見つける場所	道端、公園、空き地など人に踏まれやすい場所
あそべる時期	春〜秋（4〜10月）

昔は「病気のカエルをオオバコの葉の下におくと元気になる」といわれていたことから、「カエル葉」「ガエルッパ」とも呼ばれるオオバコ。道路やグラウンドなど、人に踏まれやすい場所に生えることを選んだオオバコは、水や栄養を運ぶスジがとても丈夫にできています。

オオバコの恐竜の作り方

人や車にいつも踏まれているオオバコ。
今日は恐竜になってのっしのっし……
みんなを踏んじゃうぞ！

用意するもの 葉 1 枚

スジが出ていないときは、茎の端を少しちぎって探しましょう。

葉の中には
5本の丈夫なスジが
通っているんだよ

からだを作る

1 まず頭と前足を作ります。葉脈にそって、左右2か所に切れこみを入れましょう。

4 再び葉を裏返して、頭を山折りにします。

2 さらに外側の葉脈にそって、大きな切れこみを2つ入れます。ここが後足になります。

3 葉を裏返し、足を折ります。前足は1回山折り、後足は2回山・谷で折りましょう。

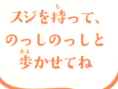

スジを持って、のっしのっしと歩かせてね

持ち手を作る

5 茎の端から、葉の真ん中を通るスジを探して引っぱります。

6 スジを頭の折り目まで出したらできあがり。

31

ジュズダマの忍者

ジュズダマってどんな植物？

分類	イネ科の多年草
草の高さ	1〜2メートル
見つける場所	用水路の脇や小川など水場
あそべる時期	夏〜秋（8〜11月）

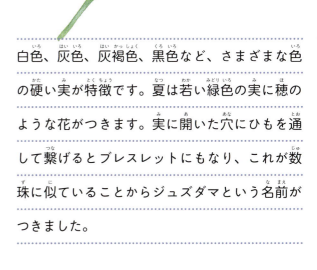

白色、灰色、灰褐色、黒色など、さまざまな色の硬い実が特徴です。夏は若い緑色の実に穂のような花がつきます。実に開いた穴にひもを通して繋げるとブレスレットにもなり、これが数珠に似ていることからジュズダマという名前がつきました。

ジュズダマの忍者の作り方

着物姿でまげを結い、
すそを絞った袴をはいて、背中に剣をたずさえた忍者。
ジュズダマの葉の少しボロッとした質感も忍者っぽいのです。

用意するもの　葉1枚　実（茎つき）1つ　茎1本

実は茎についたままのものを使います。
色の濃い実は茎から取れやすいので要注意。

さらに茎を2本、そでに通すとうでになるよ

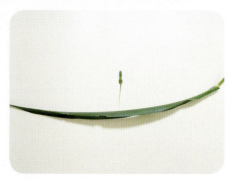

1 葉脈にそって細長く半分に折り、葉先が左側にくるように持ちます。

5 左下に垂れた葉をお腹のあたりで曲げて、葉脈をまっすぐに整えます。

着物のえりを作る

② 葉の真ん中に実の茎を当て、着物を着せるように、左→右の順に、葉を手前へ折ります。

③ 下に垂れた葉をそれぞれ背中側へ折り返します。

④ 上に出た葉を、再び左→右の順で手前へ折り下げます。

着物の帯を作る

⑥ 右下に垂れた葉先を、お腹にクルクルと巻きつけます。

⑦ 巻き終わりを背中で帯にはさんで留めます。茎の刀を背中にさして、できあがり！

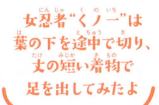

女忍者"くノ一"は葉の下を途中で切り、丈の短い着物で足を出してみたよ

タンポポの妖精さん

タンポポってどんな植物？

分類	キク科の多年草
草の高さ	10〜20センチメートル
見つける場所	日当たりのよい道端や公園
あそべる時期	春〜夏（3〜10月）

輝く黄色の花と、フワフワの綿毛をもつタンポポ。日本にもともとあった「ニホンタンポポ」と、外国からきた「セイヨウタンポポ」の2種類があり、都市部で見られるほとんどはセイヨウタンポポです。英語では「ダンデライオン（〝ライオンの歯〟という意味）」といいますが、これはギザギザした葉の形に由来しています。

タンポポの妖精さんの作り方

公園や学校などに咲いている、
身近な春の花・タンポポで妖精さんを作ります。
油性ペンで顔を描いても楽しいですね。

用意するもの　花(茎つき) 2つ

顔は小さい花を使うと、かわいく見えます。体には大きい花を選び、茎をできるだけ長くつみましょう。

ギュッと結ばず、
ゆる〜く結ぶのが
ポイント

1 どちらの花も、下に反り返ったガク*をちぎります。

＊キク科の花では正式には総苞片といいます。

4 ③の茎を花の下にまわし、ゆるく結びます。結び目までが手、結び目から下が足になります。

2 顔に使う小さい花は、茎を短くちぎります。

からだを作る

3 大きい花の茎全体を指でつぶしてから、そっと半分に裂きます。

足をそろえて、かわいく座らせてね

5 手足の形を整えて座らせると、てっぺんに茎の割れ目が見えます。

頭を作る

6 ⑤の割れ目に、小さい花の茎をさします。足の長さに茎を切ったら、できあがり。

39

ツツジの小鳥

ツツジってどんな植物？

分類	ツツジ科の常緑樹、または落葉樹
木の高さ	30～400センチメートル
見つける場所	日当たりのよい公園や道路ぞい
あそべる時期	春（4～6月）

ツツジは赤、白、ピンク、紫などさまざまな色があります。春、一斉に花が咲くととてもきれいです。甘い蜜は虫たちにも大人気。大気汚染にも強く丈夫なので、公園や道路ぞいに街路樹としてよく植えられています。よく似た花「サツキ」の開花時期は5～6月。ツツジより1か月ほど遅く咲きます。

ツツジの小鳥の作り方

頭の上に「持ち手」がついていて、指でつまむと、
ゆらゆら飛ぶかわいい小鳥。
さまざまな色の花びらで作ってね！

用意するもの　花（柄つき）1つ

5枚の花びらの中で、たくさん模様がついている花びらを上にして作ります。

ちぎった花びらを指で
コネコネすると
小さく丸まるよ

クチバシを作る

1 柄をクチバシの長さに切り、ガクを取ります。

持ち手を作る

4 模様がついている上の花びらの中央から少し奥にツメで穴を開け、長い「めしべ」をさし、外側に出します。

お腹を作る

2 模様がない下の花びら2枚を、図の位置でちぎります。

3 上に伸びている長い1本の「めしべ」と2本の「おしべ」を残して、他の「おしべ」を取ります。

目をつける

5 ②でちぎった花びらをさらに小さくして指で丸めます。水分が出てきたら、目のあたりにつけてできあがり。

6 足の位置が決まらないときは、お腹の花びらに切れこみを入れておしべの足をひっかけます。

持ち手 / 切れこみ

お腹の花びらをちぎる位置がカッコよさの決め手！

ツバキのおひなさま

ツバキってどんな植物？

分類	ツバキ科の常緑樹
木の高さ	5〜10メートル
見つける場所	林、公園、庭など
あそべる時期	冬〜春（11〜4月）

冬から春にかけて美しい花をつけるツバキ。原種の「ヤブツバキ」は林などに自生し、園芸品種の基本種となっています。ボリュームのあるおしべの形や、つやつやした葉が特徴です。花びらが1枚1枚散る「サザンカ」と違い、ツバキは花そのものが満開のままポトリと落ちます。

ツバキのおひなさまの作り方

俳句で「落ち椿」といえば春の季語です。
美しいまま落ちるツバキの花は、土の上でもしばらく色褪せず、
葉の中で咲いていたときとはまた違った美しさを見せてくれます。

用意するもの　花3つ　つぼみ2つ　枝2本　葉3枚

扇や笏は
葉をちぎって作り、
花びらに穴を開けて
さしましょう

花3つのうち1つは、花びらをすべて取って、おしべだけを使います。

着物を作る

1 一番内側にある花びらの端から真ん中まで切れ目を入れます。ここが袴になります。

髪の毛を作る

5 花びらをすべて取ったおしべを写真のように切り取ります。

顔を作る

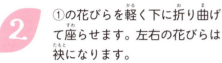
②　①の花びらを軽く下に折り曲げて座らせます。左右の花びらは袂になります。

③　つぼみの外側の皮を剥いて、きれいな緑色にします。

④　つぼみの下の硬い部分を取り、小枝を下からさします。

縦半分に切った葉をぐるりと巻いて男雛の冠を作りましょう。巻き終わりの柄は、葉に穴を開けてさします。

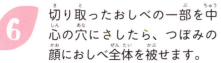
⑥　切り取ったおしべの一部を中心の穴にさしたら、つぼみの顔におしべ全体を被せます。

⑦　枝を②の花の上からさして、できあがり。男雛も⑤、⑥以外の同じ工程で作れます。

ツユクサのネズミ

ツユクサってどんな植物？

分類	ツユクサ科の一年草
草の高さ	20〜50センチメートル
見つける場所	道端、草地、やや湿ったところ
あそべる時期	夏（6〜10月）

早朝に咲き、昼にはしぼんでしまう花です。そのはかなさを露にたとえて名前がつきました。苞とよばれる小さな葉の間には1〜3個の花のつぼみが挟まっていて、順番にひとつずつ顔を出して開花します。しぼんだ花はふたたび苞にもどり、実になります。

ツユクサのネズミの作り方

ツユクサは昼にはしおれてしまうので、午前中だけの草花あそび。花を観察していると、青い花びらが丸い耳に見えました。まるで小さなネズミのようです。

用意するもの 花(柄つき)1つ 苞(柄つき)2つ

ボクの耳はとてもうすい花びらだから、さわらないでね

柄は首や手、しっぽになるので、できるだけ長くつみましょう。

顔を作る

1 花から苞を丁寧に取ります。黄色い3つのおしべは、真ん中の1つを取ります。

4 ③の切れこみの先を少しちぎり、足の形を整えます。次に、もうひとつの苞から柄を取って手の用意。

足の間から出た花の柄をつまんで回すと、頭が動くよ

からだを作る

2 別の苞を開いて、中身を取ります。

足を作る

3 葉脈にそって切れこみを入れます。ここが足になります。

手を作る

5 体の苞にツメで穴を開け、④で用意した柄をさします。足は左右に開きます。

6 ①の花を⑤の上からさして合体！できあがりです。

ヒルガオのお姫さま

ヒルガオってどんな植物？

分類	ヒルガオ科の多年草
草の高さ	1〜2メートル（つる性）
見つける場所	低木やフェンス
あそべる時期	夏（6〜9月）

夏の日差しにも負けずに咲く、たくましいヒルガオ。色とりどりの花をつけるアサガオとは違い、その花の色は淡いピンクだけですが、よく見ると、花もつぼみも葉もとても愛らしい形をしています。冬になると地上に出ている部分は枯れますが、地中に埋まった茎（地下茎）が残り、また新しい芽を出します。

ヒルガオのお姫さまの作り方

前日に咲いた花と、今日咲いた花の2つを使います。
花びらを裂くだけで、
かわいい冠をつけたお姫さまのお顔ができますよ。

用意するもの　花2つ　葉1枚

ピンク色の
長い髪とお洋服が
すてきでしょう？

顔はしおれた花、スカートには
きれいな花を選びましょう。

顔を作る

1 しおれた花のガクを包んでいる2枚の小さな葉をちぎります。柄は長めに残しておきます。

からだを作る

折る　　穴

4 左右の葉先をちぎり、上から1〜2センチあたりを折って、真ん中にツメで穴を開けます。

2 花びらの1か所に切れこみを入れ、丁寧に裂きます。

3 そのまま花びらを裏返すと、顔と髪ができました。丸まった花びらの端は、きれいに伸ばします。

冠についた♡の飾りがチャーミング！

5 もうひとつのきれいな花を手に取り、柄とガクをすべて取りのぞきます。これがスカートになります。

6 葉④と花⑤を重ね、穴に顔の柄をさしてできあがり。スカートを広げると、お姫さまが立ちます。

フウセンカズラの乳母車とおサルさん

フウセンカズラってどんな植物？

分類	ムクロジ科の一年草
草の高さ	１〜３メートル（つる性）
見つける場所	庭、公共施設などのネットやフェンス
あそべる時期	夏〜秋（７〜10月）

冬になると枯れてタネが黒くなります

フウセンカズラの特徴は、紙風船のようにふくらんだ形の実。実の中にはハートの模様がついたタネが入っています。このハートをサルの顔に見立てて「さるぼぼ」という工芸品を作ることもあります。花も可憐なフウセンカズラは「緑のカーテン」として人気があり、公共施設などでも見かけます。

フウセンカズラの乳母車とおサルさんの作り方

繊細なつるの形と白い花がかわいいフウセンカズラ。
小さなおサルさんたちにぴったりな、
小さな乳母車を作ってみましょう。

用意するもの
乳母車 ● 若い実 1つ　茎（花つき）2本
サル ● 若いタネ 1つ　茎（花つき）1本

花が2つ以上ついている茎を選びましょう。茎を3本残せば、しっぽの長いサルができます。

実の中のタネは、2つや1つのこともあるよ。開けてみてのおたのしみ！

乳母車を作る

1 実を上下に破きます。実の断面は三角形になっているので、そのうち一辺を残します。

5 上下をひっくりかえしたら、できあがり！白い花が車輪に見えますね。

2 破いた実はこんな様子。タネがついている方を下にします。

車輪を作る

3 実の下から茎を突きさします。破いた切り口の手前で、再び茎をさし、外に出します。

4 ③の横に茎をもう1本、同じ手順でさします。

サルの体を作る

1 次にサルを作ります。手足は茎の先そのままの形です。足の花は2つ残します。

サルの頭を作る

2 タネの白いハートに茎を押し当てると、色が緑色に変わります。目と口を描きましょう。

3 体の茎を頭のタネにさして、できあがり!

モミジのトンボ

モミジ（カエデ）ってどんな植物？

分類	ムクロジ科カエデ属 常緑樹より落葉樹の種が多い
木の高さ	3〜15メートル
見つける場所	庭、公園、山など
あそべる時期	4〜11月

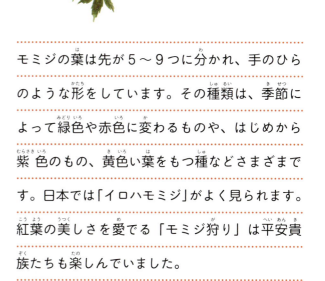

モミジの葉は先が5〜9つに分かれ、手のひらのような形をしています。その種類は、季節によって緑色や赤色に変わるものや、はじめから紫色のもの、黄色い葉をもつ種などさまざまです。日本では「イロハモミジ」がよく見られます。紅葉の美しさを愛でる「モミジ狩り」は平安貴族たちも楽しんでいました。

モミジのトンボの作り方

紅葉の秋、真っ赤なモミジで赤トンボを作ってみましょう。
夏の緑の葉で作った涼しげなトンボは、
おそうめんに添えてみるのも風流ですね。

用意するもの 葉1枚

まず葉先を
5枚にするのが
ポイント

パリパリに乾いた落ち葉より、水分があってやわらかい葉のほうが作りやすいです。

からだを作る

1 先が5つに分かれた葉を使いましょう。7つに分かれた葉も、余分な小さい葉先を取れば使えます。

4 柄を持ちます。真ん中の葉が体、左右2枚ずつの葉が羽に見えてきましたね。

2 真ん中の葉の左右を茎まで裂きます。柄の元の太い部分もちぎりましょう。

3 真ん中の葉の中心（葉脈をさけて）に柄を突きさします。

5 体の葉を半分に折り、指ではさんで形をつけます。羽の位置を整えたら、できあがり！

折り目は指で60秒ほどギューっと押さえてね

モミジの葉は色とりどり。いろんな色で作ってみよう！

さて、草花と仲よくなれたかな？
仲よくなった草花は一生の友だちです。
50年経っても100年経っても
タンポポは変わらずにタンポポのまま。
あなたと、また一緒に遊ぶ日を楽しみに待っています。

著者プロフィール

相澤悦子（あいざわ・えつこ）

New 草花あそび研究所所長。ナガミヒナゲシを使った「草花あそび」をきっかけに、身近な植物を使ったオリジナルの創作を始める。「簡単で楽しくて完成度が高い」をモットーに、日々新しい作品を考案している。現在、inori 名義で Twitter とブログを中心に作品を紹介し、多くの人から注目を集めている。著書に『あたらしい草花あそび』（山と渓谷社・2018年7月）がある。

twitter　@kusabanaasobi
ブログ　https://ameblo.jp/taiyouinori「太陽と大地といのり」

● 本書に掲載した植物（ツバキ、エノコログサ、タンポポなど）には、よく似た種類のものがありますが、区別せずに一般的な植物名のみを記載しています。

● 本書での「草花あそび」は、季節や気象条件、植物の個体ごとの違いなどにより、作り方に従って作っても、作品の写真のように仕上がらないことがあります。しかし、違う場所の植物を使ったり、日時を変えるだけで簡単に作れることもあります。ご了承ください。

作ってびっくり！
かわいい草花あそび

2019年5月7日　初版第1刷発行
2019年7月7日　初版第2刷発行

著者	相澤悦子
発行人	石井聖也
編集	平本美帆
営業	片村昇一
発行所	株式会社日本写真企画
	〒104-0032 東京都中央区八丁堀 3-25-10
	JR 八丁堀ビル6階
	TEL　03-3551-2643（代表）　FAX　03-3551-2370
AD	草薙伸行　●Planet Plan Design Works
デザイン	村田 亘　●Planet Plan Design Works
撮影・イラスト	平本美帆
印刷・製本	シナノ印刷株式会社

Ⓒ2019 Etsuko Aizawa　ISBN978-4-86562-080-1　C0077　￥1000E
Printed in Japan
落丁・乱丁本はお取り替えいたします。